Kleine Neptun Bücherei
Band 16

SIMON SANDERS

Hochzeit's Allerlei

Organisationshilfen, praktische Hinweise,
Spiel und Unterhaltung

Illustriert von Victor Leugger

NEPTUN VERLAG

4. Auflage 1996

Umschlaggestaltung und Illustrationen:
Victor Leugger, Tägerwilen
Gesamtherstellung:
Heer Druck AG, Sulgen

ISBN 3-85820-087-5

Was gilt es zu bedenken?

Dieses Buch ist aus Erfahrungen von vielen Einsätzen an Hochzeiten gereift. Wir haben oft beobachtet, dass gerade die einfachen Produktionen viel zu einer guten Stimmung beitragen. Der Autor hat über lange Zeit die erfolgreichsten Produktionen gesammelt und ergänzt. Wählen Sie im richtigen Moment den geeigneten Vortrag aus.

Folgende Stichworte mögen Ihnen helfen:

- Es liegt viel an der sorgfältigen Planung und am Organisationstalent des Tafelmajors.
- Lassen Sie bezüglich Ablauf der Hochzeitsfeier nichts unbeachtet – verplanen Sie aber auch nicht gleich jede freie Minute.
- Beachten Sie besonders die «Stimmungsmacher» und setzen Sie sie gezielt ein.
- Wenn das Fest einmal «läuft» können Sie sich auf witzige, kleine Einlagen beschränken.
- Versuchen Sie auch «Mauerblümchen» zu aktivieren.
- Setzen Sie für die einzelnen Darbietungen möglichst passende Mitspieler ein – es garantiert Ihnen vollen Erfolg.
- Verse von Kindern vorgetragen verschönern das Fest.
- Lassen Sie auch Platz für spontane Produktionen von Gästen.

Wir wünschen dem Hochzeitspaar einen unvergesslich schönen Tag und viel Glück auf dem gemeinsamen Lebensweg. Den geladenen Gästen viel Spass und fröhliche Unterhaltung.

Autor und Verlag

Inhalt

Die in Klammern gesetzten Erläuterungen erleichtern Ihnen die Wahl.

Einige Tips

Hinweise

Wenn zwei heiraten, sollte man dies zwar ernst nehmen, doch das Fest sollte locker und lustig über die Runden gehen. Für einen reibungslosen Ablauf hier noch einige Tips für die Verantwortlichen:
Wählen Sie für die Darbietungen und Produktionen einen Ort aus, der für alle Gäste in einem guten Blickwinkel steht. In den meisten Fällen ist die Tanzfläche am geeignetsten.

Wenn Sie für die Ansagen ein Mikrophon oder ein Tonbandgerät benötigen, um eine Kassette abzuspielen, sollten Sie dies bereits einige Tage vor dem Fest mit dem Bandleader telefonisch abmachen.
Fangen Sie früh mit den Produktionen an, damit das Programm am Schluss nicht überladen ist. Tanzrunden zwischendurch sollten sie nicht zu kurz halten, da Bewegung auch die Stimmung in Form hält. Halten Sie auch Spiele mit kurzen Vorbereitungszeiten in Reserve. Wenn Stimmung aufkommt und die Gäste sich von selbst schon gut amüsieren, kann zuviel Animation kontraproduktiv wirken!
Gedämpftes Licht auf der Tanzfläche nimmt manchem Paar die Hemmungen. Für Darbietungen dann aber möglichst gut ausgeleuchtet lassen.
Kerzen auf dem Tisch ergeben immer eine festliche Ambiance. Sie heizen aber auch die Luft im Saal auf. Seien Sie deshalb von Anfang an für eine dezente Frischluftzufuhr besorgt. Sollten Kleinkinder dabei sein, können Sie vielleicht in Absprache mit dem Wirt aus einem Sitzungs- oder Nebenzimmer einen improvisierten Still- und Schlafraum machen.
Gestalten Sie den späteren Abend eher nach Gefühl als nach einem sturen Ablaufplan. Sehr oft ist dann weniger mehr. Bei komplizierten Produktionen, wo es auf viele Nuancen ankommt, geht oft der Schwung verloren. Leiten Sie die Darbietung klar und deutlich ein und lassen Sie dann dem Humor und der Komik der Beteiligten freien Lauf. Die einfachsten Sachen erzielen oft den grössten Effekt.

In diesem Sinne wurde auch dieses Buch zusammengestellt, das sicherlich zur Stimmung an «Ihrem» Fest beitragen kann. Und bedenken Sie, eine Hochzeit ist ja die Folge von einer ganz einfachen Sache, nämlich von der Liebe. Machen Sie es also nicht zu kompliziert!

Tafelordnung für Hochzeiten

1. Jeder hat gewaschen und gekämmt zur Hochzeit zu erscheinen.
2. Das Rauchen bei Tisch ist nur während den warmen Speisen erlaubt.
3. Niemand darf vom Teller des Nachbarn essen oder aus dessen Glas trinken.
4. Das Bohren in der Nase und in den Ohren ist bei Tisch zu unterlassen. Spezialbewilligungen können ausnahmsweise beim Brautführer eingeholt werden.
5. Das Kratzen auf dem Kopf mit der Gabel wirkt auch bei kahlköpfigen Gästen während dem Essen anstössig.
6. Wenn Ihnen das Essen schmeckt, bringen Sie es bitte durch lautes Schmatzen zum Ausdruck.
7. Servietten zum Einpacken von Speiseresten werden am Buffet ausgegeben.
8. Saucièren dürfen nur über reinseidenen Kleidern entleert werden.
9. Ausdrücklich verboten ist: Wein zu verschütten, Küsse zu stehlen oder verliebte Blicke herumzuwerfen.
10. Jeder soll sich so betragen, dass, wenn er hinausgeworfen wird, es den Anschein macht, dass er nicht zur Verwandtschaft gehört.

11. Das Ausziehen der Schuhe ist erst beim Servieren der Käseplatte gestattet.
12. Schnarchen beim Verdauungs-Schläfchen ist erlaubt, sofern dies im Takt der Musik erfolgt.
13. Wer heute einen anrüchigen Witz oder irgendeine schlüpfrige Zote von sich gibt, wird frühestens zur Silberhochzeit wieder eingeladen.
14. Wer beim Verlassen des Festhauses weder wakkelt, stolpert noch einen Schluckauf hat, wird als Spielverderber gebrandmarkt und dazu verurteilt, zwei Drittel der entstandenen Gesamtkosten zu berappen.

Der Ehemann: Fang, Zähmung, Dressur

Vortrag

Das nützlichste Haustier, das für die Frauenwelt von grosser Bedeutung ist, bleibt der Mann. In wildem Zustand nennt man ihn Junggeselle. In diesem Zustand kommt er meist bartlos und grün vor, weshalb er von Fachleuten oft auch mit «grüner Junge» bezeichnet wird.
Gefangen, gezähmt und dressiert heisst er Ehemann. Er erreicht bei guter, abgestimmter Ernährung eine Länge von 165 bis 197 cm. In guter, liebevoller Pflege kann er bis zu einem Körpergewicht von 150 kg netto kommen.

In wildem Zustand lebt er meistens und vorzugsweise in unberechenbaren Rudeln, die gewöhnlich des Abends mehrmals zur Tränke ziehen. Diese angeschriebenen Tränken, Cafés, Dancings und Restaurants, oft aber auch Beizen genannt, sind überhaupt die Orte, wo er sich am meisten aufhält. Dort schöpft er mit Vorliebe Bier, Drinks, Most, Kaffee und Wein, in sehr seltenen Ausnahmen auch leicht verdauliche Wasser. Von dieser Ausweichmöglichkeit wird jedoch erst Gebrauch gemacht, wenn er an 38 Grad Fieber erkrankt ist. Es gibt Exemplare, deren Durst jedoch unergründlich ist. Diese Zuchtstücke erkennt man leicht an der rötlichen Färbung der Nasenweichteile.
Nebenher schlagen sich diese Individuen die Zeit mit allerhand Schabernack und Kurzweil tot, wobei sie oft grosse Ausdauer an den Tag beziehungsweise die Nächte legen. Ihre Lieblingsbeschäftigungen sind Jas-

sen, Kegeln, Schiessen, heisse Musik und erotisches «Kneifen». Im Rauchen bringen es manche zu einer Virtuosität, die bis ans Unglaubliche grenzt. Ein hohes Interesse bringen sie den jungen Mädchen und angehenden Damen entgegen und zeigen sich naturgemäss in solchen Situationen von der besten Seite; sofern vorhanden! Vereinzelt tragen sie dann auch ohne Murren und Klagen Mäntel, Schirme und Taschen und sind in jeder Beziehung ein treuer und ergebener Beschützer, besonders wenn gar keine Gefahr besteht. Wenn von ihm freiwillig Küchenarbeiten erledigt werden, sollte man möglichst schnell ärztliche Hilfe beiziehen. Kommt er mit einem Blumenstrauss nach Hause, zeigen Sie sich freudig erregt und stellen Sie nicht zuviele Fragen.

Trotzdem sich der beschriebene Mann scheinbar wohl und geborgen fühlt, verwildert er doch oft wieder. Seine Dressurerfolge gehen sichtlich zurück, sobald ihn die Gebieterin und Beschützerin aus den Augen lässt.

Diese wiederholten Stadien zwischen Wildheit und Zähmung sind entscheidend für einen harmonischen Werdegang. Es gibt Fälle, wo sich dieser männliche Mensch soweit zähmen lässt, dass er gelegentlich sogar seine Pantoffeln selber holt. Bei gezähmten Männchen tut körperliche Züchtigung selten gut. Es wirkt sich daher besser aus, wenn man ihm liebe Worte, gutes, fettes Futter und zärtliche, anschmiegende, körperliche Behandlung zukommen lässt. Kehrt jedoch ein Exemplar in die Wildheit zurück, so ist alle Mühe für das Wiedereinfangen vergebens, was hauptsächlich bei der älteren Garde öfters vorkommen kann. Liebevolles Abwarten und schmeichelnde Versprechen können diesen Umstand manchmal abkürzen.

Jüngere Geschöpfe sind überhaupt leichter zu fangen und zu dressieren, weshalb sie auch von der ungestümen Bändigerin mit grosser Vorliebe im jugendlichen, unerfahrenen Alter ins Ehejoch gezwungen werden.

Mit dieser kurzen, aber prägnanten Anleitung über Männchenhaltung hoffe ich Ihnen, liebe Damen, keine Angst vor der Anschaffung eines solchen Ehegatten gemacht zu haben. Denn bei geeigneter Haltung kann er Ihnen im Leben sehr viel Freude bereiten.

Das eheliche, humoristische Küchenrezept

Man nimmt ein Männerherz, durchbohrt es mit einem Blick und reinigt es sorgfältig von den Überresten früherer Neigungen. Je nach Geschmack kann man es mit Liebenswürdigkeiten spicken oder mit salzigen Antworten schön zurichten. Man lasse es dann einige Zeit im verzehrenden Feuer der Augen langsam braten. Glaubt man, dass es endlich gar geworden ist, so lasse man es, ehe man das beglückende «Ja» ausspricht, noch ein wenig dünsten. Fürchtet man aber, dass ein ungeniessbarer Ehemann daraus werden könnte, so kann man es abtropfen und kühlen lassen, in Portionen abpacken und dann gänzlich kalt stellen.
Fühlt sich dann aber einer gänzlich verheizt, trösten Sie ihn damit, dass man ihn heutzutage mit einem Mikrowellen-Gerät in wenigen Minuten auftauen kann. Beachten Sie aber genau das Verfalldatum.

Ihr Küchen- und Bettberater
Amorikus Keusch

Schirmtanz für das Brautpaar

Personen:
Alle Anwesenden

Material:
Luft(Papier-)schlangen

Da es immer wieder Brautpaare gibt, die sich zu spät für einen Tanzkurs angemeldet haben, ist der Schirmtanz ein willkommenes Geschenk. Um den beiden Jungvermählten die Angst vor dem Brautwalzer zu nehmen, organisieren Sie einen Schirmtanz für das Brautpaar. Verzieren Sie einen möglichst grossen, originellen Regenschirm und lassen Sie ihn von der ganzen Hochzeitsgesellschaft signieren. Zudem brauchen Sie ein paar Rollen Luftschlangen.

Bitten Sie das Brautpaar, für einen Moment hinauszugehen. Versammeln Sie alle Gäste in einem grossen Kreis rund um die Tanzfläche. Sorgen Sie für eine dezente Beleuchtung. Dann bitten Sie das Brautpaar in die Mitte dieses Kreises und überreichen ihm den aufgespannten Schirm. Die Musik spielt einen Walzer oder einen Song im mittleren Tempo. Das Brautpaar tanzt nun unter diesem idyllischen Regenschirm eng zusammen, und die Gesellschaft lässt die bunten Luftschlangen über die beiden herabregnen.

Unter diesem immer dichter behangenen Regenschirm fällt nun niemandem mehr auf, dass hier nicht gerade Fred Astaire eine Tanznummer auf das Parkett legt!

Vor meiner Hochzeit hätte ich meinen Bräutigam vor Liebe fressen können! Heute wäre ich froh, ich hätte es damals getan.

Susi
ERNST
PIFF
KOBI
Beate

Geschenke mit einem Gedicht übergeben

1 Schachtel Beruhigungs-pillen
1 aktuelles Fernseh-programmheft
1 Schachtel Erdnüsse
1 Flasche Wein
1 Babyschnuller

Für den, der hier aus eig'nem Willen,
von heut an lässt sich täglich drillen.
Dem schenk ich, falls bald Kinder schrillen,
hier dieses Pack Beruhigungspillen.

Denn wie es schon so oft geschah,
die Heirat, dann sind Kinder da.
Das ging ja schnell, ei hoppala.
Dann rechnet man und sagt «aha»!

Die wollten nicht, die haben müssen,
das kommt vom ungehemmten Küssen.
Damit Euch das nicht passieren kann,
seht fern. Hier habt Ihr das Programm!

Dazu hier diese Flasche Wein,
geniesst es, so zu zweit allein.
Und knabbert nicht an Euch, oh Schreck!
Dafür gibt's Nüsschen und Gebäck.

Doch solltet Ihr's nicht lassen können,
was ich im stillen euch mag gönnen.
Und ist es da, so laut und klein,
dann steckt ihm diesen Schnuller rein.

Und denkt an diese ruhigen Stunden,
an das Glück, dass Ihr habt gefunden.
Das Schönste ist, kann man im Leben,
dies Glücksgefühl noch weitergeben.

Verflixtes Vorstellen

Personen:
Alle Anwesenden

Material:
Kärtchen, auf denen Namen anwesender Damen stehen.

Verteilen Sie jedem Mann ein Kärtchen, auf dem der Name einer anwesenden Frau steht. Nun fordern Sie alle auf, sich auf die Suche nach dieser Dame zu machen und mit ihr die nächste Tanzrunde (etwa 3 Stücke) zu absolvieren. Bei dieser Gelegenheit gilt es, vom anderen möglichst viel zu erfahren. Anschliessend geht man wieder an den Platz, und Sie fordern nun ein Paar nach dem anderen auf, sich gegenseitig vorzustellen.
Wenn Sie zwischendurch allenfalls eine Viertelstunde Zeit vergehen lassen, wird das Ganze oft noch etwas lustiger, weil man das eine oder andere schon wieder vergessen hat oder eben falsch formuliert.
Dies ist ein sehr lebhafter und kontaktreicher Vorstellungsdurchgang, denn es gibt nichts Schlimmeres an einer Hochzeit, als zwei Gruppen, die den Anschluss zueinander nicht finden.

Lebenswahre Liebes-Sprüche

Adam verlor das Paradies, sobald er sich auf eine Frau verliess.

Vor der Ehe pflegt man Gedankenaustausch, nachher sagt man sich die Meinung.

Beim Eheschluss wechselt man gegenseitig die Ringe zum Zeichen, dass die Ehe ein gegenseitiges Ringen ist.

Erste Trauung durch den Dorfpfarrer

Vortrag

Verkleiden Sie sich mit ein paar wenigen Requisiten als Pfarrer, und holen Sie das Brautpaar zu sich nach vorne, um mit der Trauungszeremonie zu beginnen.

Liebes Brautpaar!

Leider ist mir ein kleines Missgeschick passiert. Ich liess Euere Ausweispapiere zu Hause liegen – und weiss nun Euere Namen nicht mehr. Aber dessen ungeachtet werde ich die Trauung vornehmen.

Also Du da und Du da, Ihr seid zu mir gekommen, um Euch zu trauen. Du da Dich mit dem da und Du da Dich mit der da. Also Du da, der Du die da aus den Töchtern Evas auserkoren hast, und Du da, die Du den da aus den Söhnen Adams auserkoren hast, also Du da und Du da, gelobet Euch gegenseitig zu lieben bis an den Tag Eueres Todes. Du da die da, und Du da den da. So antwortet mir mit ja, Du da und Du da!
Auch versprecht Ihr, Euch gegenseitig treu zu bleiben, Du da der da, und Du da dem da, bis dass der Tod Euch scheidet. Du da und Du da! So antwortet mir mit ja! – Gelobt Ihr Euch in allen Lagen und Tagen im Leben gegenseitig beizustehen. Du da dem da, und Du da der da, so antwortet einander mit ja und reicht einander die Hand, Du da der da, und Du da dem da. –

Und wenn Ihr Kinder bekommt, Du da von der da, und Du da von dem da, so erzieht sie recht, auf dass Ihr Freude an ihnen erlebt.
In der Bibel steht geschrieben: Die Frau sei dem Manne untertan . . ., also Du da dem da, und nicht Du der da! – Das habt Ihr verstanden, Du da und Du da!
Somit erkläre ich den Bund geschlossen, den Bund, den Du da mit der da und Du da mit dem da geschlossen hast, und somit seid Ihr rechtmässig Eheleute, Du da und Du da!
So gehet hin in Euer Haus, Du mit dem da und Du da mit der da und führet Euer Gelübde aus, Du da mit dem da, und Du da mit der da. Lebet miteinander in Liebe und Freude, Du da mit der da, und Du da mit dem da, und teilet Liebe und Freude von nun an bis in alle Ewigkeit.

Die besten Wünsche der Gemeinde begleiten Euch.
Der Beamte der Trauung: Der da – ich da!

Lokalradio-Salat

Personen:
3, mit deutlich unterschiedlichen Stimmen

Material:
Tisch mit Radio-Attrappe

Die zahlreichen Lokalradiosender brachten einige technische Probleme mit sich. In der ersten Phase passierte es ab und zu, dass ein Hörer auf dem gleichen Kanal abwechslungsweise bis zu drei verschiedene Radiostationen empfangen konnte. So eine Sendung möchten wir Ihnen nun einmal vorstellen:

3 Leute sitzen als Radiosprecher vorne an einem Tisch und lesen vor. Sprecher A hat vielleicht ein Blümchen in einer Vase vor sich auf dem Tisch; Sprecher B als Bauer verkleidet, und Sprecher C mit Techniker-Mantel. Die Wirkung ist besonders gut, wenn jeder Sprecher auch in seinen Lesepausen ganz einfach lautlos seine Mundbewegungen weiterführt, wie wenn er sprechen würde. Dies allerdings nur, wenn es die Konzentration erlaubt.

A Sie hören unseren 3. Vortrag im Zyklus «Liebe im Frühling».

B Der landwirtschaftliche Ratgeber spricht heute über Ferkelzucht.

C Es folgt ein Vortrag über moderne Flugtechnik.

A Zweifellos ist die Liebe etwas vom Schönsten im Leben eines Menschen. Alle Menschentypen, alle Menschenalter leben in ihrem Banne. Wer kann sich etwas Grösseres, etwas Schöneres, etwas Erhabeneres, etwas Ergreifenderes vorstellen . . .

B . . . als einen Stall voll sauberer, geschniegelter Ferkel. Damit aber diese Tiere Gedeihen können, ist sorgfältige Pflege unerlässlich. Die Ferkel brauchen nicht nur kräftige Nahrung, von ebenso wichtiger Bedeutung ist . . .

C . . . die Qualität des Schmieröls und des Betriebsstoffes. Gerade in dieser Hinsicht hat die Wissenschaft der Flugtechnik bahnbrechende Wege gewiesen . . .

A . . . aber auch das Alter spielt eine Rolle. Wenn sich ein blutjunges weibliches Wesen in einen lebenserfahrenen Mann gesetzten Alters verliebt, so ist dies nicht ein allzu seltener Fall. Meistens handelt es sich dabei nicht um Liebe . . .

B . . . sondern vielmehr um einen aktuellen Fall von Lungenschwindsucht. In der Regel ist sofort der Tierarzt herbeizuziehen. Bis zum Eintreffen ärztlicher Hilfe empfiehlt sich stündliches Einreiben mit Rizinusöl . . .

C . . . dabei ist aber zu beachten, dass durch die gesteigerte Geschwindigkeit nicht der Hinterteil gebrochen wird. Sonst wäre der Absturz eine unvermeidliche Folge . . .

A . . . die Liebe Junggebliebener bildet selten eine Gefahr, namentlich . . .

B . . . wenn es sich um den gleichen Wurf handelt. Dies äussert sich dadurch, dass die einen Exemplare im Wachstum fast keine Fortschritte machen . . .

C . . . während die anderen mit ungeahnter Eleganz und Leichtigkeit in die Höhe schweben. Dabei spielt der verstellbare Propeller eine sehr grosse Rolle.

A . . . immer wieder macht man die Beobachtung, dass junge Leute im Feuer der ersten Liebe beinahe verschmachten, aber schon kurze Zeit darauf von der Nüchternheit des Alltags gelangweilt werden . . .

B . . . in solchen Fällen handelt es sich meistens um eine vorübergehende Verstopfung, die von ungefährlicher Art ist. Abwaschen mit kaltem Wasser erweist sich als bestes Gegenmittel. Immerhin ist eine gewisse Vorsicht am Platze, namentlich dann . . .

C . . . wenn der Auspuff stark verrusst ist. Eine gründliche Reinigung ist dann unerlässlich. Leicht entstehen bei derer Vernachlässigung Schäden im Getriebe, die das Ohr des Fachmannes durch eigenartiges Geknatter und . . .

A . . . nicht selten durch sehnsuchtsvolle Melodien ergreifender Liebeslieder zu Tränen rühren. Nirgends denn hier gilt Goethes Wort: «Wo man singt, da lass' dich nieder, böse Leute . . .

B . . . geben durch lebensfrohes Grunzen ihrem Wohlbehagen Ausdruck. Dann darf sich der Bauer freuen und stolz sein auf seinen gesunden, lebensbejahenden Schweinenachwuchs . . .

C . . . und der Pilot wird mit einem Gefühl der Sicherheit die Maschine besteigen, weiss er doch als Fachmann, dass . . .

A . . . sie ihm ewige Treue versprochen hat. Ob sie sie hält, ist eine Frage der . . .

B . . . Schweinezucht, die in Zeiten der Rationierung von höchster Wichtigkeit wird, sind wir doch immer mehr auf eigene Produktion angewiesen . . .

C . . . Aber auch der Benzinmangel kann dadurch zum grössten Teil behoben werden.

A Die Liebe ist der Frühling des Lebens eines Menschen. Im Mai, da blühen die Bäume, da singen die Vögel . . .

B . . . und die Ratten dringen in den Schweinestall und nagen an den Schwänzen der Schweine . . .

C ... was eine ungeheure Explosion zur Folge haben kann. Diese tritt namentlich dann ein, wenn ...

A ... sie an lauen Frühlingsabenden auf einem versteckten Bänklein zusammen sitzen und das silberne Mondlicht auf sich niederfluten lassen. Dann steigt das Wonnegefühl der Glückseligkeit zu den erhabensten Höhen ...

B ... so dass unverzüglich der Tierarzt herbeizuziehen ist. Gewöhnlich ist dann die Notschlachtung der einzige Ausweg ...

C ... unter Umständen können auch einzelne defekte Teile ausgewechselt werden.

A Darunter leidet sie allerdings sehr. Nicht selten steigert sich die Enttäuschung bis zum Mordgedanken ...

B . . . das kann vor allem bei schwarz-weiss gefleckten Ferkeln beobachtet werden. Die weisse, langhaarige Rasse ist in dieser Hinsicht viel weniger empfindlich. Eine weitere häufige Ferkelkrankheit ist . . .

C . . . der Sturzflug, der grösste Anforderungen an die körperliche Konstitution stellt. Die gewaltige Geschwindigkeit steigert den Blutdruck derart, dass alles Blut in den Kopf getrieben wird . . .

B . . . ja, die jungen Schweinchen sind wirklich so drollige Geschöpfchen . . .

C . . . dass man sie nur mit einem energischen Ruck nach hinten wieder in die richtige Lage der Flugbahn bringen kann. Bei mangelhafter Konstitution können dabei die Sicherungsventile reissen, und die Folge davon ist . . .

A . . . dass sie wochenlang kein vernünftiges Wort mehr reden. Sie meiden einander wie Katze und Hund, werfen sich alle Fehler vor . . .

B . . . und wenn sie nicht in einem Schweinezüchterverband sind, müssen sie die Kosten selbstverständlich selber tragen. Es ist daher empfehlenswert . . .

C . . . wenn man die Maschine einer gründlichen Revision unterzieht. Das kann heutzutage sehr . . .

A . . . angenehm in der Verlobungszeit erledigt werden, denn da sind die Verliebten im Siebten Himmel . . .

B . . . und rasen wie toll im Gatter herum, durchwühlen mit ihren Rüsseln allen Dreck und führen sich auf wie Wildschweine. Werte Bauer! Schafft Euch Schweine an, denn mehr denn je gilt das Wort . . .

C . . . ein Volk, das nicht fliegen kann, wird überflügelt. Und damit, liebe Zuhörerinnen und Zuhörer, möchte ich die technische Rundschau . . .

A . . . im Zyklus «Liebe im Frühling» schliessen.

Romantischer Kerzentanz

Personen:
Alle Anwesenden

Material:
für jeden Gast eine tropf-freie Wachskerze und eine Wunderkerze

Sobald das Brautpaar den Raum verlassen hat, stellt sich die Hochzeitsgesellschaft in einem Kreis rund um die Tanzfläche auf. Sie verteilen tropffreie Wachskerzen und lange Wunderkerzen, wie wir sie vom Christbaum her kennen, sowie einige Feuerzeuge. Die Kerzen werden angezündet, das Licht wird gelöscht. Die Musik beginnt zu spielen, und das Brautpaar wird hereingeholt und zum Tanz in der Mitte des Kreises aufgefordert. Nach und nach können nun die Wunderkerzen an den Wachskerzen entzündet werden.
Für romantisch veranlagte Brautleute ein absolutes Hochgefühl an Stimmung und Ambiance!

Tips für den Bräutigam

Frauen wollen geliebt, nicht verstanden werden.

Die Liebe ist ein Traum, die Ehe ein Wecker.

Manche Frau würde ihren Mann gerne in den Himmel heben, wenn sie wüsste, dass er droben bliebe.

Der Mann ist vor der Ehe unbändig glücklich, in der Ehe glücklich gebändigt.

Die Liebe ist ein Spiel ohne Grenzen, solange man die Regeln nicht verletzt.

Glückwünsche

Telegrammtexte

Die Liebe ist so wunderbar
und endet nicht am Traualtar.
Im Gegenteil jetzt wird sie spriessen,
könnt Ihr das Eheglück geniessen.

Ein Herz allein, ob gross ob klein,
kann nicht alleine glücklich sein.

Es gibt nichts Schöneres auf Erden,
als lieben und geliebt zu werden.

In der Ehe gilt es zu verstehen:
Gemeinsam eigne Wege gehen.

Beim Ja-Wort und beim Telefonieren,
da kann es alleweil passieren,
dass einer merkt, schon nach Sekunden,
hier bin ich glaub' ich falsch verbunden.
Doch Ihr, Ihr habt, was uns gefällt,
die rechte Nummer eingestellt.

Wir wünschen dem Brautpaar
viel Glück und Segen,
beim Start ins gemeinsame
Eheleben.

Geschäftlich kannst Du vieles lernen,
sogar das Greifen nach den Sternen.
Doch macht Dein Herz auf einmal Pleite,
vergisst Du jenes an Deiner Seite!

Amor hat Euch zum Ziel gewählt.
Und wie man sieht, auch nicht verfehlt.

Das Schönste ist bei Jungen, Alten,
wenn zwei ganz fest zusammenhalten.

Liebes Brautpaar, lasst Euch sagen,
solltet Ihr's noch einmal wagen,
nur weil Eure Liebe rostet,
bedenkt, was eine Hochzeit kostet!

Habt Ihr die Flitter-Zeit genossen,
bedenkt, die Schweiz braucht Eidgenossen!

Humoristischer Showtanz

Personen:
Alle Anwesenden

Material:
4 Kassettenrecorder
4 Kassetten

Ernennen Sie 4 Gäste zu diplomierten Tanzlehrern. Geben Sie jedem ein Kassettengerät in die Hand, in dem sich die Aufnahme eines Liedes aus irgendeinem Erdteil befindet. Jedem Tanzlehrer teilen Sie einen Viertel der Gästeschar zu, die nun 15 Minuten Zeit hat, an irgendeinem Ort unter «fachmännischer» Anleitung einen passenden Tanz einzustudieren. Als ideale Möglichkeiten bieten sich an: Russland, Brasilien, Schweiz, China usw. Anschliessend bitten Sie jede Formation, ihren Tanz aufzuführen. Gewisse Abweichungen von der Originalchoreographie sind wohl nicht zu vermeiden! Ein Spass, bei dem sich die Leute einmal in einer separaten Gruppe etwas näher kennenlernen.
Als Variante können Sie auch anstelle von Liedern verschiedener Länder einfach sehr kontrastreiche Musikstilrichtungen verwenden. Zum Beispiel Rock'n'Roll, Klassische Musik, Musical, Pop, Hard Rock usw.

Verliebte Männer sind wie Zündhölzer: Sobald sie sich entflammen, verlieren sie die Köpfe.

Die Ehen werden im Himmel geschlossen; deshalb fallen die meisten nachher aus allen Wolken.

Was ist das Herrlichste, wenn Frauen küssen? – Dass auch sie dabei schweigen müssen.

Mysteriöser Entführungsfall

Vortrag

Das bisher nur vom Glück verfolgte Fräulein

(Name der Braut)

____

wurde aus bisher noch nicht abgeklärten Gründen dauernd der Freiheit beraubt.

Ein ziemlich gutaussehender junger Mann von mittlerer Grösse begleitete das Mädchen vorgestern auf das Zivilstandsamt, wo der Urteilsspruch, der auf lebenslänglich lautete, über sie gefällt wurde. Für kurze Zeit wurde der Verurteilten gestattet, noch einmal in ihr Elternhaus zurückzukehren. Eine grosse Menschenmenge fand sich heute ein, als das besagte Fräulein, wiederum von jenem mysteriösen Herrn begleitet, ihr Heim verliess, um den Weg der Urteilsvollstreckung anzutreten. Ein hochwürdiger Geistlicher ermahnte mit ernsten Worten die verurteilte Delinquentin, die aber durchaus nicht so zerknirscht aussah, wie man das eigentlich hätte erwarten können.

Wie uns kurz vor Redaktionsschluss noch gemeldet wurde, sollen sich schon seit längerer Zeit auch anderswo ähnliche Fälle von Verschleppung gleich schwerwiegender Art von Verschleppung ereignet haben. Die vorliegende Untersuchung hat jedoch ergeben, dass es sich hier unmöglich um die gleiche Täterschaft handeln kann. Die Bevölkerung wird gebeten, sachdienliche Wahrnehmungen dem Fahndungsdienst zu melden.

Da es gelegentlich auch Lehrer gibt, die in den Ehestand treten, sollten Sie ihnen einmal ihren Jahreszeitplan vorrechnen.

Die Arbeitszeit eines Lehrers

Ein Jahr hat	365 Tage
Der Mensch sollte im Tag 8 Stunden schlafen, also 8 Stunden von 24 Stunden = ⅓ Tag, also einen Drittel des Jahres = 122 Tage, also bleiben	243 Tage
Für das Essen (Morgenessen, Kaffeepause, Mittagessen, Nachtessen) braucht man etwa den dritten Teil der übrig gebliebenen Tage, also etwa 81 Tage, dann bleiben noch	162 Tage
Ein Lehrer hat 12 Wochen Ferien, das sind also 12 × 7 Tage = 84 Tage. Rest:	78 Tage
Im Jahr gibt es 52 Sonntage und 12 Feiertage, das sind nochmals 64 Tage weniger zum Arbeiten, also bleiben noch	14 Tage
Im Verlaufe eines Jahres hat der Lehrer zweimal Lehrerkonferenz, also bleiben noch	12 Tage
Jeder Mensch hat eine Tageszeitung, die er lesen muss, dazu kommen noch die lokalen Zeitungen und Zeitschriften. Wenn man nun im Schnitt 15 Minuten pro Tag einsetzt, so ergibt das etwa 6 Tage, also bleiben noch	6 Tage
Lehrer müssen pro Tag ein- bis zweimal an ein gewisses Örtchen, dabei brauchen sie etwa 10–15 Minuten. Das ergibt im Verlaufe eines Jahres 5 Tage, also bleibt noch	1 Tag

Und dieser eine Arbeitstag ist in diesem Jahr der Hochzeitstag!

Brautpaar-Quiz auf der Carfahrt

Personen: Alle Anwesenden

Material: Fragebogen, beantwortet vom Brautpaar, 30 Papierrollen auf denen jeweils ein Lebensmittel steht.

Dieses Spiel eignet sich für die Zeit zwischen der Kirche und dem Abendprogramm. Meistens ist die ganze Gesellschaft ja mit einem Car gemeinsam unterwegs. Halten Sie irgendwo an und lancieren Sie einen tollen Wettbewerb, mit dem Sinn, das Brautpaar noch näher kennenzulernen.
Stellen Sie etwa 30 Fragen zu den beiden Brautleuten, welche den Fragebogen in der Vorbereitungszeit beantwortet haben.

- Lieblingsessen:
- Lieblingsgetränk:
- Lieblingsblume:
- Stärke:
- Schwäche:
- 1. Auto:
- Alter:
- Schuhgrösse
- Gemeinsames Gewicht:
- Gelernter Beruf:
- Grösse:
- Lieblingsfilm:
- Bettlektüre:
- Kann er schwimmen
- Kann sie skifahren
- Grösster Wunsch

usw.
(Teilen Sie auf Braut und Bräutigam auf).

Wer die Frage richtig beantwortet hat erhält ein eingerolltes Stück Papier mit einem Gummi drum, das man noch nicht öffnen darf. Ziel ist es, am Ende viele solcher Rollen zu besitzen.
Wenn Sie fertig sind, steigen Sie mit der Gesellschaft wieder in den Bus und fahren zu einem Lebensmittelgeschäft. Hier werden nun die Preise bekanntgegeben. Auf den Röllchen stehen Lebensmittel, die das Brautpaar in der Vorratskammer noch sehr gut gebrauchen kann. Jeder muss nun das einkaufen, was auf seinen Rollen steht!

Mein Lebenslauf

Als ich geboren wurde, war gerade niemand zu Hause. Meine Mutter war auf dem Acker und pflückte Kartoffeln. Wir hatten zwar keine eigenen, aber sie pflückte trotzdem. In der Zwischenzeit durchstöberte ich die Wohnung und stiess dabei an einen Tisch, auf dem ein Fläschchen mit Haarwasser stand. Das Wasser ergoss sich über mich, und sofort sprossen überall Haare an meinem Körper. Als meine Mutter heimkam, glaubte sie, ich sei ein Affe und fütterte mich mit Bananen. Später sahen die Eltern den Irrtum ein und bezahlten für mich Hundesteuer.
Mit sechs Jahren musste ich in die Schule und durfte während acht Jahren am Unterricht der 1. Klasse teilnehmen. Als ich aus der Schule kam, sagte der Lehrer etwas von Hopfen und Malz, aber ich habe es nicht ganz verstanden.
Nun sollte ich einen Beruf erlernen. Ich wollte Fotograf werden, doch dazu war ich zu wenig entwickelt. Deshalb machte ich eine Metzgerlehre. Als ich sah, was in die Servelats kam, sagte ich zu meinem Meister: Wenn das herauskommt was da hineinkommt, dann kommen Sie dort hinein, wo Sie nicht mehr herauskommen.

Einmal mussten wir ein Kalb schlachten. Ich hielt das Beil. Der Metzger sagte: Wenn ich nicke, hau zu. Er nickte, ich schlug. Er hat nie wieder genickt. Das Kalb töteten wir nachher.
Ich wurde älter und älter, und die Leute sagten, ich sehe

meinem Vater sehr ähnlich. Da hörte er auf, die Hundesteuer zu bezahlen.
Meine Familiengeschichte kenne ich sehr gut. Meine Mutter ist eine geborene Grandhotel. Ich glaubte es zuerst nie, aber es stand auf allem Besteck und allen Handtüchern.
Mein Vater war Lehrer. Er leerte die Mistkübel. Mein älterer Bruder war damals schon zehn Jahre an der Universität. Er war dort in Spiritus eingelegt. Meine ältere Schwester arbeitete in einer Apotheke als Brechmittel. Kürzlich passierte ihr ein schreckliches Missgeschick. Sie lernte einen Briefträger kennen. Zuerst war es Spass und dann Ernst – und Ernst lernt jetzt laufen. Ich hatte noch drei Brüder, und alle drei hiessen Ernst, bis auf Fritz, der hiess Max. Der war noch dümmer als ich. An einem Sonntag gab es Hirschbraten zum Mittagessen. Ich bekam das Geweih. Zum Dessert gab es eine Erfrischung, denn die Mutter machte das Fenster auf.
Eines Tages wurde ich von einem Auto überfahren. Danach sagte ich nichts mehr. Bei meiner Beerdigung ging es lustig zu. Wir lagen zu fünft in einem Sarg. Jeder kämpfte um einen Fensterplatz. Sechsmal musste der Sarg hochgezogen werden, so klatschten die Leute. Das siebtemal ging er von selber hoch. Da bin ich ausgestiegen und habe es bis heute nicht bereut!

Telegramm-Texte

Die Liebe ist so wunderbar
und endet nicht beim Traualtar.
Im Gegenteil, jetzt wird sie spriessen,
könnt Ihr das Eheglück geniessen.

Ein Herz allein, ob gross ob klein,
kann nicht alleine glücklich sein.

Satiren auf menschliche Schwächen

Sketch

Für Autofans:

Unser Laster,
geheiligt werde dein Motor.
Deine Beschleunigung komme,
deine Geschwindigkeit geschehe,
wie auf der Landstrasse, so auf der Autobahn.
Unser täglich Benzin gib uns heute,
und vergib uns unsere Geschwindigkeitsübertretungen.
Denn auch wir vergeben den langsamen Autofahrern,
und führe uns nicht in Polizeikontrollen,
sondern erlöse uns von den roten Lichtsignalen,
denn dein ist der Zylinder und die Kurbelwelle
und die innere Bremsölleitung in Ewigkeit.

Für Weinliebhaber:

Unser Wein,
der du bist in der Flasche,
geheiligt werde dein Rebstock,
deine Traube komme, dein Pflücken geschehe,
wie im Wallis als auch an anderen Orten.
Unser täglich Zweier gib uns heute,
und vergib den masslosen Weinsäufern,
wie auch wir vergeben den Frostschutzweinhändlern.
Und führe uns nicht wieder in einen Weinskandal,
sondern erlöse uns vor weiteren Weinpfuschern.
Denn dein ist die edle Traube und die Zapfenzieher
und dein auserlesenes Bouquet bis in alle Ewigkeit.

Für Bauern:

Unsere Kuh
die du bist im Stalle,
geheiligt werde dein Euter,
dein Fressen komme, dein Mist geschehe,
wie im Winter so im Sommer.
Unsere tägliche Milch gib uns heute, und
vergib uns das Choco-Drink- und Joghurtmachen.
Wie auch wir vergeben den anderen Milchherstellern.
Und führe uns nicht in eine weitere Milchschwemme,
sondern erlöse uns von der homogenisierten Pastmilch.

Denn dein ist die Weid und die Alp und deine
begnadeten Subventionen bis in die Ewigkeit.

Einlage

Eine rassige Polonaise

Um einmal die ganze Gesellschaft von den Stühlen zu reissen und einmal so richtig Schwung in die Bude zu bringen, können Sie zu einem geeigneten Zeitpunkt eine Polonaise anzetteln.
Sprechen Sie sich mit der Musikkapelle ab, dass diese ein Potpourri mit bekannten Volksliedern im Marschrhythmus zu spielen beginnt. Marschieren Sie dann singend zwischen den Tischen hindurch und animieren die Leute an den Plätzen und auf der Tanzfläche, sich ihnen anzuschliessen, indem eine Kette gebildet wird, bei der jeder dem Vorderen seine Hände auf die Schulter legt. Mit diesem immer länger werdenden Tatzelwurm können Sie ruhig auch einen Abstecher aus dem Saal machen. Wenn es die Witterungsverhältnisse erlauben, allenfalls sogar nach draussen an die frische Luft. Hindernisse wie Stühle und Tische können Sie ebenfalls beliebig einbauen. Wenn die Musiker genug Ausdauer haben, können Sie nach einiger Zeit direkt wieder in den Tanz überleiten.

Witz

Ein Ehepaar, das schon drei Jahre verheiratet ist, hat einen gewaltigen Ehekrach. Da meint sie: Du hast sicher ein Tier im Kopf, das dir langsam dein Hirn auffrisst. Da sagt er trocken: Bei dir wäre das arme Tier ja schon längst verhungert.

Neue Arbeitsbedingungen

Sketch

Wegen der schweren Zeit, die den Bräutigam in Zukunft im Privatleben erwartet, hat sein besorgter Chef ihm einen neuen Arbeitsvertrag angeboten. Hier der Erstentwurf:

Arbeits-Vertrag

§ 1 Die Arbeit ist eine Erholung. Jede grosse Anstrengung ist untersagt. Wer bei der Arbeit schwitzt, wird entlassen.

§ 2 Der Beginn der Arbeitszeit darf nicht vor 9 Uhr morgens sein.

§ 3 Bei Beginn der Arbeit sind Getränke und belegte Brötchen auszuteilen.

§ 4 Der Mindestlohn beträgt Fr. 100.– pro Stunde. Der blaue Montag wird bezahlt.

§ 5 Für jede Arbeitswoche wird dem Arbeitnehmer 1 Tag Ferien gutgeschrieben. Bei Beginn der Ferien hat der Arbeitgeber dem Arbeitnehmer ein Auto zur Verfügung zu stellen, und zwar für die ganze Feriendauer.

§ 6 Arbeiter, die länger als acht Wochen im Betrieb arbeiten, müssen per Auto an den Arbeitsplatz und wieder nach Hause gebracht werden.

§ 7 Wer bei der Arbeit einschläft, darf nicht geweckt werden.

§ 8 Von 15 bis 16 Uhr ist Pause. Während dieser Zeit muss der Arbeitgeber für Musik und tolle Mädchen sorgen.

§ 9 Um 17 Uhr ist Feierabend. Beim Verlassen der Arbeitsstätte ist der Meister verpflichtet, jedem Arbeiter die Hand zu schütteln und ihm für seinen aufopfernden Einsatz den wärmsten Dank auszusprechen.

§ 10 Will der Arbeitnehmer heiraten, so hat der Meister für eine anständige Aussteuer zu sorgen und ihm eine zinsgünstige Wohnung zu stellen.

§ 11 Der Betriebsspruch lautet: Arbeite lustig und gediegen, was nicht fertig ist, bleibt liegen!

Dieser Arbeitsvertrag beginnt sofort und bleibt in Kraft, bis die Löhne selbst erhöht werden.

Der Arbeitgeber	Der Arbeitnehmer
______________________	______________________
______________________	______________________

Zu zweit

Sie war 23, er war 26.
Sie war das erste Mal bei ihm.
Sie waren ganz allein.
Sie wusste, dass er es tun würde,
doch zum Fortlaufen war es zu spät!
Als er sich über ihren Mund beugte,
schloss sie zitternd die Augen.
«Ich habe Angst», flüsterte sie.
«Nicht der Rede wert», sagte er zynisch.
Dann . . . zog er den Zahn!

Personen:
Alle Anwesenden
Material:
1 Personenwaage

Kilospiel zugunsten der Hochzeitskasse

Auf dem Wettbewerbsblatt hat jeder Teilnehmer sein Körpergewicht angegeben.
Nach dem Hauptgang beim Abendessen bitten Sie nun die Gäste, tischweise nach vorne zu kommen und auf die bereitgestellte Personenwaage zu stehen. Für jedes Kilo Abweichung bezahlt der Betreffende 2 Franken in das Hochzeitssparschwein.
Informieren Sie die Gesellschaft anschliessend darüber, wieviele Kilos Abweichung es im gesamten waren.

10 Gebote für junge Eheleute

Ihr solltet stets 1 sein.
Ihr solltet Euch nie ent2en.
Ihr solltet Euch immer 3bleiben.
Ihr solltet nie auf 4en gehen.
Ihr solltet Eure 5er zusammenhalten.
Ihr solltet das 6te Gebot halten.
Ihr sollt Eure 7 Sachen in Ordnung halten.
Ihr sollt Euch gegenseitig immer 8en.
Ihr sollt Eure Liebe jeden Tag er9ern.
Ihr sollt Euch nie die 10e zeigen.

Stopptanz mit Finale

Tanzspiel

Sprechen Sie sich mit der Tanzkapelle ab, dass diese das nächste eher flotte Tanzstück nach ein paar Takten immer wieder unerwartet unterbricht.
Dann stellen Sie sich direkt vor der Tanzfläche auf einen Stuhl und informieren die Tanzpärchen, dass immer, wenn die Musik stoppt, sie sofort stehen bleiben müssen. Es bewegt sich kein Bein, kein Arm und kein Ohrläppchen mehr. Das Pärchen, das sich zuletzt noch bewegt, scheidet aus und muss an den Platz. Wer das genau ist, entscheiden Sie von ihrem Aussichtsturm aus. Dies geht nun so lange, bis noch zwei Tanzpaare übrigbleiben. Sagen Sie nun der Gesellschaft, dass es viel zu einfach wäre, nun im Final das Siegerpaar zu ermitteln. Gewonnen hätten ja eigentlich beide. Als ersten Preis dürfen nun einmal die beiden Männer und die beiden Frauen zusammen einen Rock'n'Roll tanzen! Alles ist erlaubt, sogar Akrobatik! Die Band spielt nun einen heissen Rock'n'Roll, und Sie heizen das Publikum zum Mitklatschen an. Sie werden staunen, was da manchmal für Leistungen geboten werden. Für Stimmung im ganzen Saal ist garantiert!

Dieses Spiel sollten Sie ankündigen, nachdem die Band eine Tanzrunde bereits mit zwei Titeln gespielt hat, damit die Erstausscheidenden auch etwas zum Tanzen gekommen sind.

Personen:
Alle Anwesenden

Material: Keines

Bewegung durch den Schuhtanz

Wenn Sie merken, dass die Gesellschaft nicht aus eigenem Antrieb auf die Tanzfläche stürmt, können Sie mit dem Schuhtanz ein bisschen nachhelfen. Gehen Sie mit einem grossen Stoffsack durch die Reihen und verlangen von jeder Dame einen Schuh. In der Mitte der Tanzfläche leeren Sie ihn wieder aus und bitten alle Prinzen, sich einen Damenschuh zu holen und sich auf die Suche nach ihrem Aschenbrödel zu machen. So sollte bei der nächsten Tanzrunde wieder einmal alles in Bewegung sein.
Dies ist die einzige Situation am Abend, wo die Damen den Männern den Schuh geben dürfen!

Die Waldkapelle

Vortrag

Die englische Königin wollte einmal ihre Ferien im Engadin verbringen. Um ganz sicher zu sein, dass ihr der Aufenthalt dort auch wirklich gefällt, ist ein Butler ein paar Tage vorher angereist, um zu sehen, ob die Gegend auch wirklich passt. Er reiste begeistert wieder nach Hause zurück. Dort kam ihm dann aber in den Sinn, dass er vergessen hatte zu fragen, ob im Hotel auch ein sauberes, grosses WC vorhanden sei.
So schrieb er dem Gemeindepräsidenten, doch der war unsicher, was WC in England wohl bedeute. So ging er mit dem Brief zum Pfarrer, und der wiederum zum Lehrer. Es gab ein grosses Rätselraten, bis der Sigrist schliesslich meinte, WC komme doch vom Englischen Wald Chapel (Waldkapelle). Der Gemeindepräsident war überglücklich, die Bedeutung nun zu kennen und schrieb folgenden Brief an das englische Königshaus:

WC ist vorhanden und liegt zwei Stunden vom Dorf entfernt, inmitten einer wunderbaren Waldwiese. WC

ist geöffnet am Dienstag, Freitag und Sonntag. Es empfiehlt sich aber eine halbe Stunde vor Beginn da zu sein, da der Andrang immer sehr gross ist. Da brauchen gnädige Frau aber keine Angst zu haben, dass Sie keinen Platz mehr finden, da hundert Sitzplätze vorhanden und noch weitere hundert Stehplätze da sind. Die Damen sitzen meistens auf der Galerie und können so die Zeremonien, die sich unten abspielen, aus nächster Nähe verfolgen und beobachten. Sonntags stets Orgel- und Chorbegleitung sowie an Festtagen Vorführungen einzelner WC-Solisten.
Die Akustik ist ausgezeichnet, und es kann zudem bei schönem Wetter jeder Ton bis weit ins Dorf hinunter gehört werden. Es ist so schön, wenn sich das Rauschen des Waldes mit dem WC-Rauschen verbindet und hohe und tiefe Töne in voller Harmonie erklingen.

Jedes Jahr findet ein grosser Wettbewerb statt, mit anerkannten WC-Künstlern aus aller Welt. Für die schönsten Darbietungen werden lukrative Preise verabreicht, und bei längeren Vorführungen werden in den Pausen Erfrischungen verabreicht.
Sie sehen also, dass wir jedem Geschmack Rechnung tragen und auch um das leibliche Wohl unserer WC-Gäste besorgt sind.
Wir wünschen Ihnen, gnädige Frau, jetzt schon einen schönen Aufenthalt und grüssen Sie mit vorzüglicher Hochachtung.

Hitparade der Superlative

Personen: 3–4
(mit Talent zum Imitieren)

Material:
Kassette mit 4 Liedern, eventuell eine Mikrophon-attrappe.

Nehmen Sie auf einer Musikkassette bekannte Titel von sehr markanten Sängerinnen und Sängern auf. Stellen Sie zu jedem Interpreten ein paar typische Kleidungsstücke und Requisiten zusammen.
Angeln Sie sich geeignete Imitatoren aus der Gesellschaft heraus und erklären ihnen draussen, welche Person mit welchem Lied sie anschliessend parodieren sollen.
Während sich die Stars nun schminken und anziehen, kündigen Sie dem Brautpaar an, dass man keine Mühe und Kosten gescheut habe, ihnen zur Hochzeit prominente Entertainer zu engagieren. Bühne frei für...

Eine Hitparade der Superlativen!

Lebenswahre Liebes-Sprüche

Eine Frau zu ihrem Manne, bevor sie fortging: Schatz, ich gehe jetzt an die Modeschau. Dein Nachtessen findest du im neuen Kochbuch auf Seite 39, unten.

Beim Eheschluss wechselt man gegenseitig die Ringe zum Zeichen, dass die Ehe ein gegenseitiges Ringen ist.

Im Altertum hatten die Männer viele Frauen. Die Erfahrung zeigte, dass man an einer völlig genug hat.

Personen:
Alle Anwesenden

Material:
Wallholz, Besen

Wallholz- oder Besen-Tanz

Alle können einmal miteinander Tanzen – mit dem Besentanz erzielt man diesen willkommenen Wechseleffekt.
Ein überzähliger Herr erscheint mit einem Besen und übergibt ihn einem tanzenden Herrn. Dieser muss nun seine Tanzpartnerin sofort an ihn abtreten und den Besen übernehmen. So ist immer ein anderer Herr auf Wanderschaft, und die Gäste zirkulieren. Bei grösseren Gesellschaften können Sie zudem noch eine überzählige Dame mit einem Wallholz ausrüsten, die nun gleich verfährt wie der Mann mit dem Besen, indem sie das Wallholz einer anderen Dame abtritt.

Witzige Sprüche

Sketch

Bringen Sie ein bisschen Spannung und Bewegung unter die ganze Gesellschaft, indem Sie ihnen folgendes vorschwindeln: Einige Zeit vor dem Fest habe ich alle Gäste angeschrieben und sie gebeten, mir doch einen kurzen Spruch, passend zum heutigen Tag, zuzusenden. Ein paar davon möchte ich nun gerne vorlesen:

Lassen Sie sich vom Raunen der Menge nicht ablenken, die sich erstaunt wundern wird, da ja niemand einen Spruch geschickt hat. Teilen Sie nach eigenem Ermessen solche Beispiele wie die folgenden Sprüche einem Gästenamen zu.

Verputz das Geld mit deiner Frau,
im Alter gibt's ja AHV!

Kaum wächst dem Jüngling Flaum ums Kinn,
zieht es ihn zu den Mädchen hin.

Jeder Mensch ist frei geboren.
Wenn er heiratet, ist das seine eigene Sache.

Aller Mannfang ist schwer!

Nicht aus jeder alten Liebe
wird eine liebe Alte!

Die Liebe vieler Mädchen geht durch den Wagen.

Aus Spass wurde Ernst –
Ernst ist heute zweiunddreissig Jahre alt!

Mann, sei helle,
bleib Junggeselle.

Männer sind wie Tennisbälle:
Früher oder später geht jeder ins Netz.

Meine Frau hat sieben Freundinnen, und mir mag sie nicht einmal eine gönnen!

Durch Sanftmut herrscht das Weib.
Durch Strenge herrscht der Mann.
Die erste, wenn sie will,
der andere, wenn er kann!

Die Heiratsurkunde ist ein Führerschein,
den man schon vor der Fahrprüfung erhält.

Komplizierte Verwandtschaft

Einlage

Da sich bei einer Hochzeit ja auch die Verwandtschafts-Konstellationen ändern, können Sie mit dem nächsten Beispiel einmal verdeutlichen, wie kompliziert dieses Kapitel sein kann.

Ich bin mit einer Witwe verheiratet, die eine erwachsene Tochter hat. Mein Vater verliebte sich in diese Tochter und heiratete sie. Dadurch wurde mein Vater mein Schwiegersohn und meine Stieftochter meine Mutter, weil sie jetzt die Frau meines Vaters war.
Da schenkte mir meine Frau einen Sohn.
Er wurde der Schwager meines Vaters und mein Onkel, denn er war ja der Bruder meiner Stieftochter.
Die Frau meines Vaters, meine Stieftochter also, bekam ebenfalls einen Sohn, der natürlich mein Bruder wurde und zugleich mein Enkel, da er der Sohn meiner Tochter war und meine Frau wurde Grossmutter, denn sie war ja jetzt die Mutter meiner Mutter. Ich war damit nicht nur der Mann meiner Frau, sondern gleichzeitig auch ihr Enkel.
Und da ja der Mann meiner Grossmutter mein Grossvater ist, so bin ich damit mein eigener Grossvater geworden!

Vortrag

Allerlei-Wochen für...

(Namen der Brautleute)

Jetzt, wo Du am Traualtar feierlich das Ja gesprochen, trittst Du ein als glückliche Gattin, in die goldenen *Flitterwochen.*

Kommst Du abends spät nach Haus, deutlich, klar wird dann gesprochen,
denn Dein holdes Weib bereitet Dir dann die *Gewitterwochen.*

Stets erfülle Du getreulich, was Du hast versprochen, denn sonst setzt es ab, liebe .... böse, böse *Bitterwochen.*

Schwingt sie gar einmal den Pantoffel, ist die Zeit herangebrochen,
wo Du schmerzvoll musst erleben zankerfüllte *Zitterwochen.*

Wenn dann aus allen Winkeln Kinder kommen, gesprungen und gekrochen –
und es schreit ein jedes Hunger! – das sind dann die *Futterwochen.*

Sind dann alle diese Wochen über Euch hereingebrochen, Flitter- und Gewitterwochen, Bitter-, Zitter-, Futterwochen, habt Ihr wohl in mancher Stund leise vor Euch hingesprochen: Kommt doch noch mal wieder, selige, goldene *Flitterwochen!*

Erkennungsspiel

Einlage

Ganz nach dem Motto: «Dich erkenn ich mit verbundenen Augen!»

Bitten Sie die Braut, einen Moment lang draussen Platz zu nehmen. Dann holen Sie sich 5 Männer und den Bräutigam nach vorne. Diese müssen nun ihr rechtes Hosenbein bis zum Knie hochkrempeln und sich in einer Reihe aufstellen.
Nun verbinden Sie der Braut mit einem Kopftuch die Augen und führen sie vorsichtig herein. Ihr wird nun die Aufgabe gestellt, durch Wadenabtasten mit beiden Händen ihren Gatten zu erkennen. Als Witz können Sie ihr zudem noch sagen, dass sie denjenigen, den sie auswählt, mit auf die Hochzeitsreise nehmen muss! Wenn die Entscheidung gefallen ist, darf sie das Kopftuch abnehmen.
Je nach Lust, Laune und Zeit können Sie den Spiess auch noch umdrehen.
Nun werden dem Bräutigam die Augen verbunden und 6 Damen, inklusive Braut, in einer Reihe aufgestellt. Diese strecken ihre linke Hand nach vorne, die der Frischvermählte mit seinen Händen nun langsam abtasten darf. Glaubt er, sein «holdes Weib» erkannt zu haben, darf er sein Kopftuch abnehmen.
Hier stellt sich ganz klar heraus, wieviel Zeit die beiden vor der Hochzeit schon mit «Händchenhalten» verbracht haben.

Damenwahl *Tanzspiel*
für eine lockere Stimmung

Nach einem langen Essen, vielen Reden und Produktionen ist es für die lockere Stimmung unter den Gästen unerlässlich, sich zwischendurch ein bisschen zu bewegen. Da jedoch meistens die Herren der Schöpfung die grösseren Tanzmuffel sind, bis sie sich eingelaufen haben, können Sie zwischendurch mit lauter Stimme eine «Damenwahl» ankünden.
Sprechen Sie dies vorher mit der Tanzkapelle ab, damit diese mit einer eingängigen Melodie die Tanzrunde starten kann. Die Damen dürfen diesmal ihren Ehegatten oder Bräutigam sitzen lassen und sich einen anderen Adam angeln!

Niemand und Keiner

Vortrag

Es war einmal ein hübsches Fräulein, das «Niemand» hiess. Im ganzen Dorf kannte man «Niemand». Aber kein Mensch hatte sich je mit «Niemand» unterhalten. Dies hatte ein gutaussehender Mann namens «Keiner» vernommen. «Keiner» war ledig und hätte schon lange gerne eine Frau gehabt. Darum wollte «Keiner» «Niemand» besuchen. «Keiner» fuhr mit einem Blumenstrauss zu dem Haus, wo «Niemand» wohnte. «Keiner» klingelte und «Niemand» machte auf. Und so ging «Keiner» hinein. «Keiner» übergab die Blumen und «Niemand» freute sich. «Niemand» liess «Keiner» ins Wohnzimmer, und so hatte «Niemand» «Keiner» und «Keiner» «Niemand» kennengelernt. «Niemand» dachte heimlich, dass «Keiner» ein Mann für sie wäre, und tatsächlich machte «Keiner» «Niemand» einen Heiratsantrag. «Niemand» und «Keiner» waren überglücklich.

Schnell verbreitete sich die Nachricht im Dorf, dass «Keiner» «Niemand» heiraten will. Der Tag der Hochzeit kam, und «Keiner» führte «Niemand» zum Traualtar. Der Pastor segnete das Paar und hatte «Keiner» ermuntert, dass er in jeder Situation für «Niemand» einstehen soll. «Niemand» solle versuchen, «Keiner» in allen Teilen zufriedenzustellen.

«Keiner» blieb «Niemand» treu. Jeden Tag ging «Keiner» seiner Arbeit nach, und «Niemand» brachte das Haus in Ordnung. Was «Niemand» auch kochte, «Kei-

ner» ass es. Immer, wenn «Keiner» nach Hause kam, war «Niemand» da. Jeden Abend las «Keiner» die Zeitung und «Niemand» ging zu Bett. Wenn «Keiner» dann ins Schlafzimmer kam, war «Niemand» schon da.
Und wie es halt so geht, bekam «Niemand» ein Kind und «Keiner» war der Vater.
So waren «Keiner» und «Niemand» viele Jahre glücklich beisammen, doch plötzlich wurde «Keiner» krank und starb. Es gab eine grosse Beerdigung. «Keiner» lag im Sarg und «Niemand» lief hinterher. Der Pastor meinte, es sei traurig, dass nur «Niemand» da sei, aber bestimmt ist jetzt «Keiner» im Himmel.
Die Grosskinder sorgten noch lange für «Niemand». Aus dieser Geschichte kann man sehen, dass «Keiner» mit «Niemand» und «Niemand» mit «Keiner» absolut glücklich werden kann, und manches Fräulein vielleicht froh wäre, wenn auch zu ihr «Keiner» kommen würde!

Kein müdes Bein dank dem Lawinentanz

Personen: Alle Anwesenden

Material: Keines

Nachdem der Tanz vom Brautpaar eröffnet wurde, eignet sich besonders der Lawinentanz, um die gesamte Gesellschaft auf die Tanzfläche zu locken. Während die Gäste ihre Brauttanzrequisiten an den Platz bringen, bittet der Bräutigam die Schwiegermama, die Braut den Schwiegerpapa zum Tanz. Die Band spielt den Teil eines Stückes und stoppt dann die Musik. Nun holen sich alle vier einen neuen Tanzpartner vom Tisch. Nachdem diese nun wieder einen Moment lang miteinander tanzen konnten, stoppt die Musik erneut. Nun angeln sich diese acht Leute einen neuen Tanzpartner.
Das Ganze wird nun solange wiederholt, bis kein müdes Bein mehr am Tisch sitzt.
Dieser Ablauf trägt optimal dazu bei, dass sich die Gesellschaft zu vermischen beginnt.

Ehe ist die Abkürzung für den lateinischen Spruch: Errare Humanum Est (= Irren ist menschlich).

«Wann haben Sie eigentlich Ihren Mann kennengelernt?» «Erst nach der Heirat!»

Witze über Schwiegermütter machen nur solche, die keine besitzen; den andern vergeht das Spassen von selber.

Frauen kann man zwar lieben, aber niemals verstehen.

Tanzspiel

Orangentanz mit Hindernis

Bitten Sie etwa 10 Paare auf die Tanzfläche und verteilen Sie jedem eine Orange. Die Paare gehen nun in die Tanzstellung und klemmen die Orange zwischen ihre Stirnen. Zudem müssen sie die Hände auf dem Rücken verschränken und ganz gleich, was auch passiert, dort lassen! Die Band spielt nun eine schöne Slow-Nummer. Nach einiger Zeit stoppt die Musik, und Sie erklären der Gesellschaft, dass dies wohl zu leicht ist für unsere geschickten Tänzer. Dann bitten Sie die Band, einen rassigen Foxtrott zu spielen.
Fällt einem Paar die Orange auf den Boden, scheidet es aus und muss an den Platz zurück.

Kuss-Kuss

Personen:
Alle Anwesenden

Material:
Keines

Geben Sie nach der Vorspeise bekannt, dass nun zwischendurch beliebig viele Kusszwischengänge serviert werden. Sobald ein weiblicher Gast an ihr Glas klopft, hat sich das Brautpaar zu küssen.
Das Brautpaar hat jedoch ebenfalls die Möglichkeit zu klopfen, so dass sich alle anderen Paare auch küssen müssen oder dürfen.
Meist ist zu beobachten, dass die Grossmutter in diesem Zwischenspiel eine ungeheure Aktivität entwickelt.
Bedenken Sie, dass sehr oft die einfachen und banalen Ideen grossen Effekt auslösen!

Check-Liste

- ☐ Grundsätzlich plant das Brautpaar zusammen mit dem Brautführer/Tafelmajor den Ablauf des Hochzeitsfestes.
- ☐ Humorvolle Einladungen möglichst selber basteln
- ☐ Persönliche Einladungen rechtzeitig (möglichst 3 Monate vor dem Fest) versenden.
- ☐ Wünsche bezüglich Garderobe angeben.
- ☐ Lustige Wunschliste gestalten.
- ☐ Reizvolle Tischkärtchen vorbereiten und allenfalls mit dem Gedeck abstimmen.
- ☐ Ein Sitzplan am Eingang erleichtert das Aufsuchen seines Platzes.
- ☐ Musikkapelle besorgen und am besten gleich mit einem kleinen Vertrag binden.
- ☐ Informationen besorgen über die Ausrüstung der Kapelle mit technischen Geräten. Wünsche anbringen und Spiel-Dauer festlegen.
- ☐ Allfällige Autobus-Transporte und Taxifahrten vereinbaren und festlegen.
- ☐ Eine Kutschenfahrt ist ein ganz besonders romantisches und unvergessliches Erlebnis.
- ☐ Möglichst Fahrten mit Privatwagen vermeiden. Passende Alternativen anbieten.
- ☐ Übernachtungsmöglichkeiten für auswärtige Gäste bereithalten.
- ☐ Pfarrer über besondere Wünsche informieren.
- ☐ Informationen einholen über Einrichtungen im Gasthaus. Menu, Sitzordnung, Licht, Strom, Nebenräume, Blumenschmuck.
- ☐ Verlängerung eingeben.

Emmy Grawehr
Hüt isch Hochzit

8. Auflage
64 Seiten. 18×19 cm.
Mit fröhlichen Zeichnungen illustriert.
Verse, Gedichte, Couplets und Ansprachen in Mundart für Kinder und Erwachsene.

Martin Lütscher
Mir fyred Hochzyt

154 Seiten. 15×21 cm.
Anleitungen für die Organisation eines fröhlichen Hochzeitsfestes.
Reden und Ansprachen, Vorträge, Tanz- und Unterhaltungsspiele, Gedichte, Glückwünsche, Trinksprüche, Telegramme, usw.

Dazu lieferbar:
Hochzeitszeitung

Mustervorlage für die Gestaltung einer Hochzeitszeitung, welche man mit eigenen Ideen vervollständigen kann.

Simon Sanders
Hochzeit's Allerlei

64 Seiten. 15×21 cm.
Organisationshilfen und Hinweise für den Brautführer zur Planung und Gestaltung eines fröhlichen Hochzeitsfestes.
Einlagen, Vorträge und Produktionen geben auch dem geladenen Gast Gelegenheit, zur guten Stimmung beizutragen.

Simon Sanders
Erfolgreich Unterhalten

64 Seiten. 15×21 cm.
33 Gesellschafts- und Tanzspiele für jeden Anlass.
Alle Vorschläge von Victor Leugger treffend illustriert.
Fast alle Spiele brauchen wenig Material und erfordern keine grosse Vorbereitung.

Kleine Neptun-Bücherei

Kleine Neptun-Bücherei

Simon Anderhub
Sketche, Witze, Moderationen

64 Seiten, broschiert, 15×21 cm.
Ideen und Animationen für Ihre nächste Veranstaltung. Tips und Hinweise für die Planung, Vorbereitung und Durchführung von Veranstaltungen jeder Art. Leitfaden auch für den persönlichen Beitrag.

Emmy Grawehr
Alles zur Freud

64 Seiten. 18×19 cm.
Fröhlichi Biträg für alli Glägeheite, an Familiefescht, Geburtstag und Hochzitjubiläe. Fröhliche Beiträge in Mundart, mit Tuschzeichnungen von Victor Leugger.

Elsa Hösli
Neue festliche Tischdekorationen

64 Seiten. 18×19 cm.
Gegen hundert teils mehrfarbige Abbildungen, mit Beispielen von Gesamtdekorationen.
Anwendungsbeispiele mit Materiallisten und genauen Zeichnungen.

Romy Caljos
Tischdekorationen

80 Seiten. 15×21 cm.
Nicht nur die wundervoll angerichteten Speisen, sondern ebensosehr der Anblick des schön gedeckten Tisches tragen zu einer guten Stimmung bei.
Sie finden zahlreiche Tischdekorationsvorschläge für jeden Anlass.

Elsa Hösli
Neue Fadenstick-Karten und -Bilder

64 Seiten. 15 × 21 cm.
Mit 76 zum Teil mehrfarbigen Abbildungen.
Mit genauen Arbeitsanleitungen zur Herstellung von originellen Karten und Bildern.

Neu im Angebot:

Maria Fischer
Fadenstick-Vorlagen

Eine Fülle von Ideen und Vorschlägen für die Gestaltung von attraktiven Fadenstick-Karten. Mit Hinweisen bezüglich Material und Verarbeitung.

Emmy Grawehr
s'isch Wiehnachtszyt

80 Seiten, broschiert, 15 × 21 cm.
Värsli und Gschichte zum Ufsäge und Vorläse für Gross und Chly.

Kleine Neptun-Bücherei

Friedrich Morgenroth
Sag es mit Versen

Begleitverse zu einem Geschenk, Urlaubsgrüsse, Gratulationen, Glückwünsche zum Geburtstag, zur Verlobung, zur Hochzeit oder zur Taufe. Grüsse ans Patenkind, zum Schulanfang oder zur guten Besserung. Dankesverse für dies und das.
Und, und, und…

Martin Lütscher
Moderne Schweizer Musterbriefe

220 Seiten. 14 × 22 cm.
Genaue Anleitungen für wirkungsvolle Briefe für den Privat- und Geschäftsgebrauch.
Mehr Erfolg im täglichen Leben dank guten Bewerbungen, wirkungsvollen Gesuchen oder Entschuldigungsschreiben.
Kurze Einführung in die Grammatik und Rechtschreibung.